Preetz

In der näheren Umgebung von Preetz gibt es viele interessante Ziele, sämtlich bequem per Fahrradtour zu erreichen. Zum Beispiel das wunderbare Gutsensemble Rastorf, geprägt vom Schönheitsideal des späten Barock.
Bild: Das Torhaus, aus der Bauzeit 1724/1729.

There are many interesting places in the vicinity of Preetz, all within easy reach by bicycle. For example, the beautiful Rastorf estate in late Baroque style.
Photo: The gatehouse built between 1724 and 1729.

Aux alentours de Preetz, il y a de nombreux buts de promenade, tous accessibles en vélo. Par exemple, le merveilleux domaine de Rastorf, de la fin du baroque.
Photo : Le porche construit entre 1724 et 1729.

Preetz

Ein Portrait – A Portrait – Un Portrait

Text und Fotos:
Werner Scharnweber

EDITION TEMMEN

Die Deutsche Bibliothek verzeichnet diese Publikation in
der Deutschen Nationalbibliografie; detaillierte bibliografische Daten sind
im Internet unter http://dnb.ddb.de abrufbar.

Übersetzungen:
Hildegard & David Skevington (Englisch)
Elisabeth Dumontier (Französisch)

1. Auflage 2006

Hohenlohestr. 21 – 28209 Bremen
Tel. 0421-34843-0 – Fax 0421-348094
info@edition-temmen.de – www.edition-temmen.de

Gesamtherstellung: Edition Temmen
ISBN 3-86108-947-5

Ein Portrait

Preetz – die Stadt

Ursprünglich war Preetz eine slawische Siedlung, die hieß »Poreze«, das bedeutet »am Fluß«. Gemeint war die Schwentine, die fließt durch den Ort, damals wie heute. Dann wurde man deutsch und christlich. Wie's weiterging, darüber berichten Schröder/Biernatzki im Jahre 1856 in ihrer Topographie wie folgt: »Preetz wird schon um die Mitte des 12. Jahrhunderts als Kirchort erwähnt und war ein Dorf, welches dem bei demselben gestifteten Nonnenkloster 1226 geschenkt wurde. Es hat sich im Laufe der Zeit sehr vergrößert und hat späterhin die Fleckensgerechtigkeit erhalten. Der Flecken steht unter klösterlicher Obrigkeit.«
Das Leben unter der Klosterherrschaft ist – trotz mancher Schwankungen im Auf und Ab der Zeitläufe – den Preetzern offenbar insgesamt gut bekommen. Der Ort wuchs, zeigte sich zunehmend als städtisches Gemeinwesen. Die Wirtschaft florierte. Berühmt waren die Preetzer Schuhmacher, von denen es nach Schröder/Biernatzki um 1856 immerhin 160 Meister gab. Preetz – die Schusterstadt ist ein Begriff. Alljährlich feiert man das Schusterfest. Und erweist den einstigen Schuhmachern gleich mit zwei Denkmalen Referenz: Mit dem »Schusterjungen« am kleinen Feldmannsplatz und mit dem »Schuster« – im Streit mit dem schuhschnappenden Hund – auf dem Markt.

A Portrait

Preetz – the Town

Preetz was originally a Slav settlement known as "Poreze" which means "by the river". This referred to the River Schwentine, which still flows through the town. It later became German and was christianised. And what happened after that is described by Schröder & Biernatzki in their Topography of 1856 as follows: "Preetz was mentioned as a parish as early as the middle of the 12th century. It was a village which, in 1226, was gifted to the Convent founded there. It has grown considerably over time and at a later stage received rights commensurate with its status as a small town. It is under monastic rule."
On the whole, the people of Preetz did well under the monastic authorities, in spite of many ups and downs in the course of time. Preetz continued to grow and developed into a town proper with a flourishing economy. The shoemakers of Preetz were especially well known and according to Schröder & Biernatzki around 1856 there were 160 master shoemakers. Preetz as the shoemakers town is a byword. Every year there is a shoemakers festival. And the shoemakers of past times are remembered with two monuments: one at the Feldmannsplatz portraying an "apprentice shoemaker" and the other in the market square depicting a "shoemaker" tussling with a dog trying to snatch a shoe.

Un Portrait

Preetz – La ville

A l'origine Preetz était une colonie slave, qui s'appelait « Poreze », ce qui signifie : au bord de la rivière. On veut dire par cela la Schwentine, qui traverse la localité, autrefois comme aujourd'hui. Puis on devint allemand et chrétien. Quelle fut la suite de l'histoire ? Schröder et Biernatzki, dans leur topographie de 1856, en font le récit comme suit : « Preetz est mentionné dès le milieu du 12ème siècle en tant qu'église près d'un hameau. Le village fut offert en 1226 au couvent de femmes établi au même endroit. Il s'est avec le temps beaucoup agrandi et a reçu plus tard sa légitimité de bourg, sous l'autorité du couvent. »
La vie sous la domination du couvent a apparemment bien réussi dans l'ensemble aux habitants de Preetz – malgré maintes fluctuations suivant les hauts et les bas des circonstances. La localité se développait, apparaissait, en grandissant, comme une communauté urbaine. L'économie était florissante. Les cordonniers de Preetz étaient célèbres ; toujours est-il que, d'après Schröder et Biernatzki, il y avait 160 maîtres vers 1856. On parle alors de la ville de la cordonnerie. Tous les ans on célèbre la fête des cordonniers. Et deux monuments font référence aux cordonniers d'autrefois : le « Schusterjunge » (l'apprenti cordonnier) sur la petite place Feldmann et le « Schuster »

1870 erhielt Preetz das Stadtrecht. Damit erfolgte auch die rechtliche Trennung vom Kloster – nach 644 Jahren.
Preetz heute? Eine friedlich-fröhliche, putzmuntere Kleinstadt mit knapp 16.000 Einwohnern. »Zentraler Ort« für einen Nahbereich von rund 250 Quadratkilometern und fast 30.000 Menschen. Alles ist vorhanden, was benötigt wird: sämtliche Schularten, Kindergärten, Einrichtungen für Senioren, Krankenhaus, Kirchen, Handel, Handwerk, Gewerbe, Gastronomie, Dienstleister, Ärzte, Apotheken, Anwälte. Umkränzt wird die Stadt von Postsee, Kirchsee und Lanker See. Gerahmt von allerschönster holsteinischer Landschaft und geschichtsträchtigen Gütern und Dörfern.
Preetz ist anerkannter Erholungsort mit entsprechenden touristischen Angeboten und das »Tor zur Holsteinischen Schweiz«.

In 1870 Preetz received its town charter. With that, legal separation from the Convent took place – after 644 years.
Preetz today? A peaceful yet very lively and bustling little town with nearly 16,000 inhabitants. It serves as a centre for the surrounding region of around 250 square kilometers and approximately 30,000 people. There is everything one needs: all types of school, kindergartens, provision for senior citizens, a hospital, churches, commerce, trade, businesses, gastronomy, service providers, doctors, chemists, lawyers. The town is surrounded by lakes, the Postsee, Kirchsee and Lanker See and by the most beautiful Holstein landscape with estates and villages steeped in history.
Preetz is an acknowledged holiday resort with appropriate tourist attractions and it is the "Gateway to the Holsteinische Schweiz" (Holstein's Switzerland).

(le cordonnier) – disputant au chien la chaussure dont il s'est emparé – au Marché – En 1870 Preetz reçut ses droits de ville. Parallèlement s'effectua également la séparation légale avec le couvent – après 644 années.
Preetz aujourd'hui ? La « Porte de la Suisse du Holstein », une petite ville coquette, épanouie et paisible avec tout juste 16.000 habitants. Une situation centrale pour ses alentours proches qui comptent presque 30.000 habitants sur environ 250km2. Tout ce dont on a besoin est à portée de main : toutes sortes d'écoles, jardins d'enfants, aménagements pour le troisième âge, hôpital, églises, commerces, artisanat, industrie, gastronomie, prestataires de service, médecins, pharmaciens, avocats. Les lacs Postsee, Kirchsee et Lanker See forment une couronne autour de la ville, qui est encadrée d'un paysage du Holstein des plus beaux et de domaines et villages chargés d'histoire.

Preetz – das Kloster

Anno 1211 gründete Graf Albrecht von Orlamünde – der dänische Statthalter im Lande – das Benediktinerinnenkloster. Anfangs hatte dieses Nonnenkloster seinen Sitz an wechselnden Orten, unter anderem in Lutterbek. 1260 erfolgte die endgültige Niederlassung in Preetz. Graf Adolf IV. aus dem Hause Schauenburg besiegte 1225 den Grafen Albrecht und war nun wieder Herr in seinem Lande. Vorherige Regierungshandlungen des besiegten Grafen von Orlamünde erklärte der Schauenburger Graf für nichtig. Nur die Klostergründung bestätigte er. Und sorgte für dessen reiche Ausstattung. Er

Preetz – its Convent

In 1211, Count Albrecht of Orlamünde – the Danish Governor of the country – founded the Benedictine Convent. In the early years it relocated to different places, amongst them Lutterbek. In 1260, however, Preetz became its permanent home. Count Adolf IV of Schauenburg defeated Count Albrecht in 1225 and was once again ruler in his own land. The Schauenburg Count declared null and void the ordinances which had been previously introduced by the defeated Count of Orlamünde, with the exception of the foundation of the Convent which he upheld. He supported it extremely well. For ex-

Preetz – Le couvent

En l'an 1211, le comte Albrecht von Orlamünde –gouverneur danois du pays – fonda le couvent des Bénédictines. Au début, ce couvent de femmes avait des lieux de résidence variables, parmi lesquels Lutterbeck. En 1260 il se fixa définitivement à Preetz. Le comte Adolf IV de la Maison Schauenburg vainquit en 1225 le comte Albrecht et redevint alors maître de son pays. Le comte de Schauenburg annula les actions gouvernementales antérieures du comte de Orlamünde vaincu. Il ne confirma que la fondation du couvent et veilla à sa riche dotation. Il offrit au couvent, entre

schenkte dem Kloster u.a. das Dorf Poreze, also Preetz, und das Gebiet der später so genannten Probstei*). Durch Kauf, Schenkungen und Vererbungen kamen weitere Dörfer, Siedlungen, Ländereien in Klosterbesitz. Um 1500 gehörten dem Kloster Preetz über 40 Dörfer, es galt als das reichste im Lande. Erst 1870, nach Beginn der Preußenzeit in Schleswig-Holstein, wurde Preetz aus der »Obrigkeit« des Klosters entlassen.
Kloster Preetz heute? Ein »richtiges« Kloster, mit nach strengen Ordensregeln lebenden Nonnen, ist es schon lange nicht mehr.
Immerhin, Kloster Preetz wurde im Zuge der Reformation nicht – wie sonst in evangelisch gewordenen Landen vielfach praktiziert – »aufgehoben«, die zugehörigen Immobilien und Ländereien wurden nicht vom Landesherrn »eingezogen«. Das nämlich war mit dem einflussreichen schleswig-holsteinischen Adel, mit der Ritterschaft, nicht zu machen. Die adeligen Familien waren daran interessiert, dass ihre unverheirateten, unversorgten Töchter wie bisher in Preetz ein angemessenes Unterkommen finden konnten. Hatte sich doch das einst auch mit bürgerlichen Nonnen »besetzte« Haus der Benediktinerinnen bereits im 15. Jahrhundert zum reinen Adelskloster entwickelt. So wandelte sich im Zuge der Reformation das Benediktinerinnenkloster zum »Evangelisch Adeligen Kloster Preetz«, zu einem Damenstift.

*)
Entgegen der Dudenregel schreibt sich der Preetzer Klosterprobst mit »b«, nicht mit »p«. Daher auch Probstei (nicht Propstei).

ample, donating to it the village of Poreze, that is Preetz, as well as the area which would later be called the Probstei. Through purchases, donations and inheritances further villages, settlements and lands came into the possession of the Convent. Around the year 1500, more than 40 villages belonged to Preetz Convent and it had gained the reputation of being the richest in the country. It was not until 1870, when Schleswig-Holstein was ceded to Prussia that Preetz was freed from monastic "rule".
Preetz Convent today? It has long ceased to be a "true" convent in which nuns live according to strict rules laid down by the order.
However, during the Reformation, Preetz Convent was not "dissolved", and its property and lands were not "confiscated" by the sovereign, as was often the case when a region became Protestant. The influential Schleswig-Holstein nobility, the knights, did not allow this to happen. The noble families were keen that their unmarried, and not-provided-for daughters should continue to have a suitable place to live in Preetz. Whereas previously the Benedictine Convent had housed women of all backgrounds, as early as the 15th century it had become a convent solely for those of noble birth. Thus, in the course of the Reformation, the Benedictine Convent changed its role and became the "Protestant Convent of Preetz for the Nobility" – a Ladies' Seminary.
Preetz Convent is still an independent legal institution with convent members and a Prioress. And for centuries there has also been a Provost. Only a member of the still extant Schleswig-Holstein knighthood can be elected as Provost.

autres, le village de Poreze, Preetz donc, et le domaine de ce qui fut nommé plus tard le prieuré. D'autres villages, colonies, biens ruraux vinrent s'ajouter au patrimoine du couvent, par achats, donations ou transmissions héréditaires. Vers1500, plus de 40 villages appartenaient au couvent de Preetz, qui passait pour le plus riche du pays. En 1870 seulement, au début de l'époque prussienne en Schleswig-Holstein, Preetz fut libéré de « l'autorité » du couvent.
Et le couvent de Preetz aujourd'hui ? Ce n'est plus depuis longtemps un « véritable » couvent, avec des religieuses vivant selon la règle stricte de l'ordre.
Toujours est-il que le couvent de Preetz n'a pas été, au cours de la Réforme, supprimé – comme cela fut sinon maintes fois pratiqué dans les pays devenus évangéliques, les biens immobiliers et ruraux, qui en faisaient partie, ne furent pas « confisqués » par le seigneur. Ce n'était en effet pas à faire avec la noblesse influente du Schleswig-Holstein et la chevalerie. Les familles nobles avaient intérêt à ce que leurs filles non mariées et sans moyens d'existence puissent trouver un hébergement approprié, comme jusqu'ici à Preetz. Mais si la Maison des Bénédictines, « occupée » autrefois également par des religieuses roturières, s'était déjà au 15ème siècle transformée en un pur couvent de nobles, de la même manière, au cours de la Réforme, le couvent des Bénédictines devint un établissement pour les dames de la noblesse, l' « Evangelisch Adeliges Kloster Preetz ».
Le couvent de Preetz est encore une institution autonome légale, il y a donc des conventuelles et la communauté avec une supérieure et – comme depuis des siècles

Noch immer ist Kloster Preetz eine eigenständige rechtliche Institution, gibt es Konventualinnen und den Konvent, eine Priörin. Und – wie seit Jahrhunderten – einen Klosterprobst*). Zum Klosterprobst kann stets nur ein Mitglied der (noch immer existierenden) schleswig-holsteinischen Ritterschaft gewählt werden.
Allerdings besteht für die Konventualinnen keine Residenzpflicht. Wusste doch schon Dr. Meyer in seinem Buch »Darstellung aus Nord-Deutschland. II. Sommerreise in Holstein 1815« vor nunmehr 200 Jahren zu berichten: »Von den vierzig Klosterdamen aus den ersten Familien des Landes, deren jede 1000 Thaler Einkünfte hat, ziehen die meisten das Leben in den Städten oder auf ihren Stammgütern der klösterlichen Einsamkeit vor.«
Und dennoch: Wer die Durchfahrt des 1707 bis 1737 errichteten Torhauses passiert, meint wieder einzutreten in eine andere Welt. Das quirlige Leben der Kleinstadt Preetz ist plötzlich weit entfernt. Eine Atmosphäre der Ruhe und Geborgenheit umfängt den Besucher auf dem parkartigen Klostergelände, das beherrscht wird von der 1325 bis 1340 erbauten Klosterkirche, einem herausragenden Beispiel der Backsteingotik des Ostseeraumes. Das kleine Dachreitertürmchen, ein fröhlicher Kontrapunkt zur großen, wuchtigen Ziegeldachfläche, wurde nachträglich, im Jahre 1783, aufgesetzt.
Kloster Preetz – noch immer eine Oase, nur wenige Schritte abseits der »lauten Welt«.

*)
Siehe Anmerkung Seite 7.

However, there is no requirement for convent members to reside in the Convent. 200 years ago, Dr. Meyer, in his book "Portrayal of Northern Germany. Second Summer Journey through Holstein 1815", wrote thus: "Of the forty convent ladies, all from noble families in this country, and each receiving an income of 1000 pounds, the majority prefer life in the towns or on their parents' estates to that of monastic solitude".
And yet: whoever passes through the gatehouse built between 1707 and 1737 has a distinct feeling of entering into another world. The hustle and bustle of Preetz suddenly seems far away. An atmosphere of peace and security surrounds the visitor in the park-like setting of the Convent which is dominated by the Convent Church built between 1325 and 1340, an outstanding example of Gothic architecture built in brick and typical for the Baltic Sea regions. The small ridge turret, a pleasing counterpoint to the big and massive slate roof, was added at a later stage, in 1783.
Preetz Convent – still an oasis, only a few steps away from the "noisy world".

Preetz – its Culture

The cultural programme of Preetz is extensive and varied and of a considerably high standard.
Here is a selection:
The series of "Sommerkonzerte" (Summer Concerts) held in the Convent Church, taking place for the 44th time in 2005, with internationally well-known orchestras and choirs. The "Internationale Papiertheatertreffen" (International Paper

– un prieur. Seul un membre de la chevalerie du Schleswig-Holstein (encore existante) peut être élu prieur.
Bien sûr il n'existe pas d'obligation de résidence pour les conventuelles. Dr Meyer l'exposa clairement il y a déjà maintenant 200 ans dans son livre : « Présentation de l'Allemagne du Nord. Voyage dans le Holstein en été 1815 » : « Des quarante dames, appartenant aux premières familles du pays vivant au couvent, et qui ont, chacune, 1000 thalers de revenus, la plupart préfère la vie dans les villes ou dans leurs propriétés familiales à l'isolement du couvent ».
Et pourtant : Celui qui franchit le porche érigé de 1707 à 1737, pense pénétrer dans un autre monde. La vie animée de la bourgade de Preetz est soudain très éloignée. Une atmosphère de calme et de sécurité enveloppe le visiteur sur le site du couvent, aménagé en parc, dominé par l'église du couvent construite de 1325 à 1340,exemple de gothique de brique de la région de la Baltique. Le petit clocheton, agréable contrepoint à la grande toiture massive en tuiles, y fut ajouté ultérieurement en 1783.
Le couvent de Preetz reste une oasis, à quelques pas «du « monde bruyant ».

Preetz et ses aspects culturels

L'offre culturelle à Preetz est vaste, variée, d'un niveau appréciable.
En voilà une sélection :
La série des « Concerts d'Eté » dans l'église du couvent, organisée pour la 44ème fois en 2005, avec des orchestres et des chœurs de renommée internationale.

Preetz kulturell

Das Preetzer Kulturangebot ist umfangreich, vielseitig, von beachtlichem Niveau.
Eine Auswahl:
Die Reihe »Sommerkonzerte« in der Klosterkirche, im Jahr 2005 zum 44. Mal, mit international renommierten Orchestern und Chören. Das stets im September stattfindende Internationale Papiertheatertreffen als größte internationale Zusammenkunft von Papiertheaterspielern aus Europa und Übersee. Die Veranstaltungen vom »Kreis der Musikfreunde Preetz«. Der »Preetzer Kultursommer« mit unterschiedlichen Angeboten. Stadt- und Klosterführungen. Die Aktivitäten und Ausstellungen des »Kunstkreises Preetz e.V.«. Der Kunsthandwerker- und Handwerkermarkt. Das Circusmuseum. Das Heimatmuseum. Die Aufführungen der »Niederdeutschen Bühne Preetz«. Der Preetzer Gesangsverein. Der »Heimatverein Preetz und Umgebung e.V.«. Die »Gesellschaft der Freunde des Klosters Preetz e.V.«. Der Stadtkirchenchor Preetz. Der »Verein der Freunde und Förderer des Circusmuseums zu Preetz«. Das Schusterfest. Das Blasorchester des Preetzer TSV. Die Sektion Preetz der Schleswig-Holsteinischen Universitätsgesellschaft. Die Volkshochschule. Die Preetzer Schützengilde von 1442. Kulturell »eintauchen« kann man auch im Stadtarchiv beim Stadtarchivar Peter Pauselius.
Vorstehende Liste ist beispielhaft, nicht vollständig. Die Reihenfolge stellt keine Wertung dar.

Theatre Meeting) every September is the major meeting of paper theatre artists from Europe and overseas. The events of the "Kreis der Musikfreunde Preetz" (Preetz Friends of Music Circle) . Events staged by the "Preetzer Kultursommer" (Preetz Summer of Culture). Guided tours of the town and the Convent. The activities and exhibitions put on by the "Kunstkreis Preetz e.V." (Preetz Art Circle). The craft and trade market. The Circus Museum and "Heimatmuseum" (Museum of Local History). The staging of plays by the "Niederdeutsche Bühne Preetz" (Low German Theatre of Preetz). The Preetz Choir. The "Heimatverein Preetz und Umgebung e.V." (Preetz Local History Association), and the "Gesellschaft der Freunde des Klosters Preetz e.V." (Association of Friends of Preetz Convent). The Preetz Town Church Choir. The "Verein der Freunde und Förderer des Circusmuseums zu Preetz" (The Association of Friends and Sponsors of the Circus Museum in Preetz). The shoemakers festival. The Preetz brass band. The Preetz section of the Schleswig-Holstein University Association. The Institute for Adult Education. And the Preetz riflemen's guild dating back to 1442. Those who wish to delve further into cultural matters can do so by calling on the town's Archivist Peter Pauselius based in the town's archives.
The above listing is by no means complete, and the sequence in which it is presented does not imply any order of importance.

Le Rassemblement International de Castelets qui a toujours lieu en septembre, considéré comme le plus grand rendez-vous international d'amateurs de castelets d'Europe et d'Outre-mer. Les manifestations du « Cercle des Amis de la Musique de Preetz ». « L'Eté Culturel de Preetz » avec un programme varié. Les visites guidées de la ville et du couvent. Les activités et expositions du « Cercle Artistique de Preetz ». Le marché des artisans et des artisans d'art. Le musée du cirque. Le musée régional. Les représentations de la « Scène bas-allemande de Preetz ». La chorale de Preetz. « L'Association du pays et de ses environs ». La « Société des Amis du Couvent de Preetz ». La chorale paroissiale de Preetz. « L'Association des Amis et Bienfaiteurs du Musée du Cirque de Preetz ». La fête des cordonniers. L'orchestre d' instruments à vent de Preetz. La section de Preetz du Cercle Universitaire du Schleswig-Holstein. L'université populaire. La société de tir de Preetz datant de 1442. On peut aussi « s'immerger » culturellement aux archives municipales auprès de l'archiviste Peter Pauselius.
Cette liste n'est qu'un exemple, elle n'est pas exhaustive. L'ordre dans lequel elle est donnée ne représente en aucun cas un classement.

Der Blick »von drüben« über den schmalen Kirchsee auf die Stadtkirche gehört zu den schönsten Preetzer Motiven.

The view of the Stadtkirche (Town Church) from the "other side" across the narrow Kirchsee is one of the most beautiful in Preetz.

Vue de l'église paroissiale à partir de la rive opposée du petit lac Kirchsee. Cela fait partie des plus beaux sites de Preetz.

1870 wurde Preetz offiziell »Stadt«, unterstand nicht mehr der Kloster-Obrigkeit. Mit einem neuen Rathaus gaben die Preetzer ihrer Stadtwürde umgehend sichtbaren Ausdruck. Als Rathaus dient dieser von hohen Bäumen beschattete, ansprechende Bau nach wie vor.

In 1870 Preetz officially became a “town” and was no longer under monastic rule. The people of Preetz gave visible expression to their changed status with a new town hall. This attractive building framed by tall trees continues to function as the town hall to this day.

En 1870, Preetz devint officiellement une « ville », qui ne fut plus subordonnée à l'autorité du couvent. Immédiatement les habitants de Preetz exprimèrent de manière ostensible l'honneur de leur ville par un nouvel hôtel de ville. Cette construction intéressante, ombragée par de grands arbres, sert toujours d'hôtel de ville.

Am frühen Sonntagmorgen, ein Blick in die Lange Brückstraße. So ist Preetz: friedlich, freundlich, sympathisch.

A view of Lange Brückstraße early on a Sunday morning. This is Preetz: peaceful, friendly, pleasant.

Tôt le dimanche matin, un regard sur la Lange Brückstraße (la longue rue du pont). C'est Preetz ! : paisible, accueillant, sympathique.

Blick von der Brücke, die der Lange Brückstraße ihren Namen gab, auf die Schwentine.

A view of the River Schwentine from the bridge which gave the Lange Brückstraße its name.

Vue sur la Schwentine, à partir du pont, qui donna son nom à la Lange Brückstraße.

Lange Brückstraße Nr. 6, das »Alte Handwerkerhaus«. Es gehörte in früheren Jahrhunderten Schuhmachermeistern und Schlachtermeistern. 1989 fand man bei einer Restaurierung alte Fußböden, Balken und Hausrat aus dem 16. Jahrhundert.
Heute: Preetzer Kunstboutique.

No. 6 Lange Brückstraße, the "Alte Handwerkerhaus" (old tradesmen's house). In former centuries it belonged to master shoemakers and master butchers. During restoration work in 1989 old floors, beams and household items from the 16th century came to light.
Today: an art and craft shop.

Au n° 6 de la Lange Brückstraße : l' « Alte Handwerkerhaus » (la vieille maison des artisans). Elle appartenait dans les siècles précédents à des maîtres-cordonniers et des maîtres-bouchers. En 1989, lors d'une restauration, on trouva de vieux planchers, des poutres et des ustensiles de ménage datant du 16ème siècle.
Aujourd'hui, c'est la boutique d'art de Preetz .

In fast klassizistisch anmutender Noblesse zeigt sich das oberste Stockwerk des Hauses Lange Brückstraße Nr. 13. Es wurde um 1900 auf den älteren unteren Teil aufgesetzt.

The top floor of No. 13 Lange Brückstraße has an almost classicistic appearance. It was added to the older floors below around the year 1900.

D'une élégance presque classique, l'étage supérieur de la maison au n°13 de la Lange Brückstraße fut ajouté vers 1900 sur la partie inférieure plus ancienne.

Es sind auch die »kleinen Dinge«, die den Stadtspaziergänger erfreuen. Wie dieses Schmuckelement am Haus Lange Brückstraße Nr. 13.

It is also the "small things" which are a joy to those walking through the town. Such as this adornment on the house at No. 13 Lange Brückstraße.

Ce sont aussi les « petites choses » qui charment les yeux des promeneurs, comme cet élément décoratif sur la maison au n° 13 de la Lange Brückstraße.

Der Marktplatz und die Lange Brückstraße sind das Zentrum der Stadt. Es wird eingekauft, gebummelt, in Gaststätten und Cafés drinnen oder draußen eingekehrt. Quirlig und doch gemütlich geht es zu, eine sympathische Mischung.
Bild: Motiv am Markt.

The market place and Lange Brückstraße form the centre of the town. Here, one can shop, stroll or sit in restaurants and cafés, indoors and out. Lively and yet cosy, a pleasant mixture.
Photo: View of the market place.

La « Marktplatz » (place du marché) et la Lange Brückstraße forment le centre de la ville. C'est là qu'on fait des achats, du lèche-vitrines, qu'on s'assied dans les cafés et les restaurants à l'intérieur ou en terrasse. C'est animé et pourtant agréable, un mélange sympathique.
Sur la photo : une scène de la place du marché.

Der Preetzer Maibaum auf dem Markt zeigt sich heimatverbunden. Die Fahne ganz oben, die Bänder am Kranz, die Bemalung am Baum – alles in den schleswig-holsteinischen Landesfarben: Blau-Weiß-Rot.

The Preetz Maypole in the market place decorated with local emblems. The flag on top, the ribbons on the wreath, the colours draped around the pole – all are in the colours of Schleswig-Holstein: blue-white-red.

L'Arbre de Mai de Preetz, dressé sur la place du marché, est décoré aux couleurs du Land de Schleswig-Holstein. Que ce soient le drapeau tout en haut, les rubans attachés à la couronne ou la peinture de l'arbre, tout est bleu-blanc-rouge.

Fließendes Wasser aus dem flachen Brunnenstein am Markt. Besonders an Sommertagen bei Kindern beliebt. Zwecks Abkühlung heiß gelaufener Füße. Erwachsene würden ja auch gern …

Water flowing from the stone fountain in the market place. Especially popular with children on summer days. For cooling hot feet. Adults would enjoy it too …

De l'eau qui sort au ras du sol d'une fontaine faite d'une pierre plate, sur la place du marché. Elle est appréciée des enfants, surtout en été, et a pour but de rafraîchir les pieds échauffés par la marche. Les adultes aimeraient bien aussi …

Der Markt wird seinem Namen gerecht. Jeweils mittwochs und sonnabends ist Wochenmarkt. Ein buntes Einkaufsvergnügen.

The market place does justice to its name. A market is held every Wednesday and Saturday. A colourful shopping experience.

La place du marché a bien mérité son nom. Les mercredis et dimanches sont respectivement jours de marché hebdomadaire. C'est un plaisir d'y faire des achats de toutes sortes.

Mitten in Preetz – und doch ein idyllisch-versteckter Winkel. Ein Motiv an der Schwentine.

In the middle of Preetz – and yet an idyllic hidden corner. A scene on the River Schwentine.

Au milieu de Preetz – et pourtant un coin caché idyllique au bord de la Schwentine.

Preetz, die Schusterstadt. Das war einmal. Aber der einst bedeutenden Schusterzunft wird Referenz erwiesen. Mit dem zum Denkmal gewordenen Schuhmacher im Wettstreit mit dem Hund, der einen Schuh geschnappt hat. Ein fröhlicher Fixpunkt auf dem Markt.

Preetz, the shoemakers town. Once upon a time. But the once important shoemakers guild is still revered and is recalled in this sculpture of the shoemaker tussling with a dog which has snatched a shoe. A merry fixture in the market place.

Preetz, la ville des cordonniers des cordonniers. C'était autrefois. Mais référence est faite à la corporation des cordonniers jadis importante, à travers la sculpture du cordonnier qui dispute au chien la chaussure que celui-ci lui a prise. Un point de repère plein d'humour sur la place du marché.

Nicht nur der Schuhmachermeister, auch der Schusterjungs, der Lehrlinge, wird in Preetz gedacht. Mit dem kleinen Denkmal »Der Schusterjunge« auf dem Feldmannsplatz.

Not only the master shoemakers but also the apprentices are remembered in Preetz. With this small monument, "The Apprentice Shoemaker", in the Feldmannsplatz.

A Preetz on ne pense pas qu'aux maîtres-cordonniers mais aussi aux apprentis-cordonniers, comme le montre cette petite sculpture « Der Schusterjunge » sur la Feldmannsplatz.

Auf dem alljährlichen Schusterfest – das größte Ereignis in Preetz! – sind natürlich auch arbeitende Schuhmacher aus dem In- und Ausland vertreten. Sie sind die von Tausenden Besuchern bestaunte Hauptattraktion. Wie Martin Dijkman, »Klompen«-Macher aus Holland (links), und der bekannte Preetzer Holzschuhmacher Lorenz Hamann.
Foto: Ingrid Thomsen

Shoemakers from home and abroad participate in the annual shoemakers festival – the biggest event in Preetz! They are the main attraction for thousands of visitors. As for example Martin Dijkman, "Klompen" (clog) maker from Holland (left) and Lorenz Hamann, the well known clog maker from Preetz.
Photo: Taken by Ingrid Thomsen

A la fête annuelle des cordonniers – le grand événement de Preetz ! – sont bien sûr représentés des cordonniers en activité venant d'Allemagne ou de l'étranger. Ils sont l'attraction principale pour des milliers de visiteurs. Tels les sabotiers Martin Dijkman, appelé « Klompen-macher » et qui vient de Hollande (à gauche) et Lorenz Hamann, bien connu à Preetz. (Photo d' Ingrid Thomsen)

Seit 1846 existiert die Holzschuhmacherei Hamann in Preetz in ununterbrochener Familienfolge. Heute ist Meister Lorenz Hamann (Wakendorfer Straße Nr. 17) der einzige seines Fachs in Preetz und im Lande. Das Handwerk blieb gleich, die Absatzwege haben sich verändert. Lorenz Hamann verkauft rund 50 Prozent über das Internet, in alle Welt.

The Hamann clog workshop in Preetz has existed as a family concern since 1846. Today, master clog maker Lorenz Hamann (No. 17 Wakendorfer Straße) is the only one of his trade in Preetz and in the country. The trade remains the same, the distribution channels have changed. Lorenz Hamann sells around 50% of his wares via the internet, all over the world.

Depuis 1846 existe à Preetz l'atelier du sabotier Hamann, transmis de génération en génération sans interruption. Aujourd'hui Maître Lorenz Hamann (au n° 17 de la Wakendorferstraße) est le seul de sa spécialité à Preetz et dans le pays. Le métier est resté le même, les moyens de vente ont changé. Lorenz Hamann vend environ 50% de sa production dans le monde entier, via internet.

Die Buchstaben CFB in der Giebelspitze des formschönen Hauses Mühlenstraße Nr. 21 stehen für Conrad Friedrich Baasch. Der Mann war Mühlenpächter und Erbauer des Gebäudes. Auch das Baujahr ist auf der Straßenfront des Hauses vermerkt: 1764.

The letters CFB in the point of the gable of this beautiful house at No. 21 Mühlenstraße stand for Conrad Friedrich Baasch. He leased a mill and built this house. The year of construction can be seen on the front of the house: 1764.

Les lettres CFB à la pointe du pignon de cette maison harmonieuse au n° 21 de la Mühlenstraße (rue du moulin) sont les initiales de Conrad Friedrich Baasch, qui tenait le moulin et construisit ce bâtiment. L'année de la construction est également mentionnée sur la façade de la maison : 1764.

Der Schulhof des Friedrich-Schiller-Gymnasiums ist geschmückt mit steinernen Skulpturen: einer Eule (Symbol der Weisheit), einem Turnschuh, einer Schultasche u.a. Auf einem steinernem Buch stehen die Namen jener Oberstufen-Schülerinnen und -schüler notiert, die diese fröhliche Skulpturengruppe 1990 in ihrer Freizeit (!) unter Anleitung eines Steinmetzmeisters geschaffen haben.

The school yard of the Friedrich-Schiller-Gymnasium (secondary school) is adorned with stone sculptures: an owl (symbol of wisdom), a gym shoe, a school bag amongst others. On a book of stone the names of those senior pupils are inscribed who created these pleasing sculptures in their free time (!) in 1990 under the supervision of a stone mason.

La cour du lycée Friedrich Schiller est ornée de sculptures de pierre : une chouette (symbole de sagesse), une chaussure de sport, un cartable, entre autres. Sur un livre de pierre sont inscrits les noms des élèves de second cycle, qui ont accompli, en 1990, pendant leurs loisirs, cette série de sculptures amusantes, sous la conduite d'un maître-tailleur de pierres.

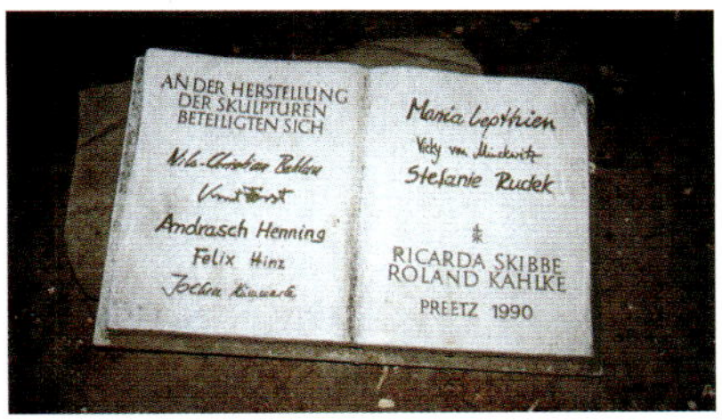

Die Wilhelminenhalle – Baubeginn 1906, eingeweiht 1907 – ist ein imposantes Gebäude im Stil der Architektur des letzten Kaiserreiches. Anfangs diente sie in Kombination als Stadthalle, Turnhalle und sogar Jugendherberge. Heute nur noch Turnhalle.

The Wilhelminenhalle – construction started in 1906 and it was opened in 1907 – is an imposing building in the architectural style of the last Empire. In the beginning it accommodated the town hall, a gym and even a youth hostel. Today it is just a gym.

La halle « Wilhelmine » – début de construction en 1906, inaugurée en 1907- est un bâtiment imposant dans le style architectural du dernier Empire. A l'origine elle servait à la fois de salle municipale, de gymnase et même d'auberge de jeunesse. Aujourd'hui elle n'est plus qu'un gymnase.

Preetz war nicht nur die Stadt der Schuhmacher, sondern auch der Weber. Im »Weberhaus«, Löptiner Straße Nr. 10, haben Webermeister der Familie Holtorf von 1669 an fast zwei Jahrhunderte lang gearbeitet und gewohnt.

Preetz was not only the town of shoemakers but also of weavers. In the "Weberhaus" (weavers house) at No. 10 Löptiner Straße the Holtorf family of master weavers worked and lived from 1669 for almost two centuries.

Preetz ne fut pas seulement la ville des cordonniers, mais aussi celle des tisserands. Dans la « Weberhaus » (maison des tisserands) au n° 10 de la Löptiner Straße, les maîtres-tisserands de la famille Holtorf ont travaillé et habité pendant presque deux siècles à partir de 1669.

Ein »Hingucker«: Fenster im »Weberhaus«, Löptiner Straße Nr. 10.

An eye-catcher: a window in the "Weberhaus" (weavers house) at No. 10 Löptiner Straße.

Un coup d'œil : Fenêtre de la « Weberhaus », au n° 10 de la Löptiner Straße.

Tief stehende Sonne am frühen Morgen eines schneelosen Wintertages »verwandelt« die Löptiner Straße in ein malerisches Motiv. Im Hintergrund der Turm der Stadtkirche.

Sun low on the horizon in the early morning of a snow-free winter's day changes Löptiner Straße into a picturesque scene. In the background the tower of the Town Church.

De grand matin, un jour d'hiver sans neige, le soleil bas métamorphose la Löptiner Straße en un décor pittoresque. En arrière-plan le clocher de l'église paroissiale.

Die Tür des Hauses Kirchenstraße Nr. 36 ist Rokoko vom Feinsten.
Bild: Der obere Teil der Tür, darüber das Oberlicht.

The door of No. 36 Kirchenstraße is Rococo at its finest.
Photo: The upper part of the door with the fanlight above.

La porte de la maison, au n° 36 de la Kirchenstraße (rue de l'église) est du plus pur style rococo.
Sur la photo : La partie supérieure de la porte, et le « jour d'en haut ».

Ein Straßendurchblick mit Licht und Schatten. Da zeigt sich der Charme der Stadt. Wie hier am Mühlenweg.

A view along the street with light and shade. This is the charm of the town. As here in Mühlenweg.

Une échappée sur le « Mühlenweg » (chemin du moulin) où s'opposent lumière et ombre. C'est là le charme de la ville.

Weiß schmückt! Und verleiht diesem Gebäudekomplex in der Bahnhofstraße ein nobles Aussehen.

Decorated in white! Giving these buildings in Bahnhofstraße a stately appearance.

Le blanc embellit ! Et confère à cet ensemble de bâtiments dans la Bahnhofstraße (rue de la gare) une noble apparence.

In der so genannten »guten alten Zeit«, im Kaiserreich vor Weltkrieg I, baute sich mancher Preetzer ein stattliches Wohnhaus. Wie im Jahre 1903 jenes in der Gasstraße Nr. 20, mit dem Schweifgiebel.

In the so-called "good old times", during the Empire and before World War I, many inhabitants of Preetz built stately homes. Like this one at No. 20 Gasstraße with a curved gable dating from 1903.

Dans le soi-disant « bon vieux temps », dans l'Empire avant la 1ère Guerre mondiale, de nombreux habitants de Preetz se firent construire de somptueuses demeures. Comme en 1903 celle du n° 20 de la Gasstraße, avec son pignon chantourné.

Der Chor an der Preetzer Stadtkirche stammt im Kern aus spätromanischer Zeit um 1200/1210.

The choir of Preetz Town Church dates mainly from the late Romanesque period around 1200 to 1210.

Le chœur de l'église de Preetz date, en son centre, de la fin de l'époque romane vers 1200/1210 .

Groß, hell und freundlich ist der Innenraum der spätbarocken Preetzer Stadtkirche.

Large, bright and pleasant – the interior of Preetz Town Church dating from the late Baroque period.

L'intérieur de l'église baroque de Preetz est grand, clair et accueillant.

Die Adelsfamilien der umliegenden Güter Wahlstorf, Kühren, Rastorf, Bredeneek und Sophienhof saßen vormals in der Preetzer Stadtkirche nicht inmitten des »gemeinen Volks«. Sie hatten – wie auch das Kloster und die Stadt – eigene Logen. Diese bis heute erhaltenen, besonderen Kirchenstühle werden (Bild) gekrönt von den Wappen oder den Initialen der einstigen Stifter.

In former times the nobility from the nearby estates of Wahlstorf, Kühren, Rastorf, Bredeneek and Sophienhof did not sit with the "ordinary folk" in Preetz Town Church. They had – as also had the Convent and the town council – their own boxes. These special church pews (photo) still exist and are crowned by the coats of arms or the initials of the original donors.

Les familles nobles des domaines environnants Wahlstorf, Kühren, Rastorf, Bredeneek et Sophienhof ne s'asseyaient pas autrefois, dans l'église de Preetz, au milieu du « bas peuple ». Ils avaient – comme aussi le couvent et la ville – leurs propres stalles. Ces chaises d'église particulières, conservées jusqu'à aujourd'hui, sont couronnées par les armoiries ou les initiales du donateur de l'époque. (Photo)

Im Jahre 1696 stiftete das Preetzer Schuhmacheramt der Stadtkirche einen prachtvollen Messingleuchter, genannt die »Schusterkrone«. Der untere Teil, die Kugel (Bild), trägt neben der Widmungsinschrift die Namen von 32 Amtsmeistern.

In 1696 the Preetz shoemakers council donated a magnificent brass chandelier referred to as "Schusterkrone" (shoemakers crown) to the Town Church. The lower part, the ball (photo), is inscribed with a dedication and the names of 32 councillors.

En 1696, la confrérie des cordonniers de Preetz fit don à l'église paroissiale d'un magnifique candélabre en laiton, appelé la « Couronne des cordonniers ». La partie inférieure, le globe (photo), porte, à côté de la dédicace, les noms des 32 maîtres-cordonniers.

Diese Brücke über die Schwentine am Spazierweg Klostergang entstand dank der Bundeswehr. Auf einem Gedenkstein ist zu lesen: »Erbaut von 2/Pionierbatallion 6. 1984.«

This bridge across the River Schwentine by the Convent walkway was built thanks to the Army. On a plaque it reads: "Erbaut von 2/Pionierbatallion 6.1984" (Built by the 2nd Pioneer Battalion 6. 1984).

Ce pont sur le sentier Klostergang enjambe la Schwentine, grâce à l'armée de la République Fédérale. Sur une pierre commémorative on peut lire : « Construit en juin 1984 par un bataillon du génie ».

Für Preetzer sind es stets nur wenige Spazierschritte und sie sind am nächstgelegenen See. Zum Beispiel (Bild) am Lanker See.

For the people of Preetz it is only ever a few steps to the nearest lake. For example (photo) the Lanker See.

Pour les habitants de Preetz, il suffit d'une courte marche et les voilà au bord du prochain lac. Par exemple auprès du lac Lanker See. (Photo)

Wer sehr zeitig kommt, hat das Strandbad am Lanker See für sich allein. Der See glitzert in der ersten Morgensonne.

Those who come early have the swimming pool in the Lanker See to themselves. The lake glistens in the first rays of the morning sun.

Celui qui est très matinal, a la plage du Lanker See pour lui tout seul. Le lac scintille au soleil levant.

Wie Kunstobjekte eines Künstlers der Moderne stehen die weißen Ballen auf der Mähwiese am Lanker See. Nicht Kunst ist zu bewundern, sondern handfeste Landwirtschaft. Übrigens auf Preetzer Stadtgebiet, kurz vor dem Strandbad.

Like objects of modern art these white bales stand in the mown meadow by the Lanker See. It is not art to be admired but evidence of agricultural activity. And on town land, a short distance from the swimming pool.

Les balles de foin blanches dans la prairie fauchée auprès du Lanker See se dressent comme des objets d'art moderne. Ce n'est pas l'art qu'il faut admirer, mais la solide économie rurale. C'est sur le territoire de la ville de Preetz, peu avant la plage.

Die Preetzer Töpfer des 16./17. Jahrhunderts stellten nicht nur Teller und Schüsseln her, sondern auch Kachelöfen für die Pastorate. Bild: Preetzer Ofenkachel aus der Zeit. Zu besichtigen – neben vielen, vielen anderen Exponaten aus Jahrhunderten Preetzer Geschichte – im Heimatmuseum, Mühlenstraße Nr. 14.

In the 16th and 17th centuries, the potters of Preetz not only made plates and bowls but also tiled stoves for the rectories. Photo: A stove tile made at that time in Preetz. To be seen – along with numerous other exhibits from centuries of Preetz history – in the "Heimatmuseum" (Museum of Local History), No. 14 Mühlenstraße.

Les potiers de Preetz au 16ème / 17ème siècle ne fabriquaient pas seulement des assiettes et des plats, mais aussi des poêles en faïence pour les maisons des pasteurs. Sur la photo : un carreau de poêle de l'époque. A voir au musée régional, au n°14 de la Mühlenstraße – à côté de très nombreux autres objets exposés représentant des siècles d'histoire de Preetz.

Krone, Sarrasani, Busch, Althoff, Barum, Renz – Circusnamen von Weltruf. Im »Ersten Circus-Museum in Deutschland« (Preetz, Mühlenstraße Nr. 14) sind sie präsent. Mit Original-Requisiten, Kostümen, Programmen, Plakaten, Infos. Das Circus-Museum dokumentiert die beeindruckende Welt der Manege.
Bild: Kostüm einer langjährigen Ansagerin von »Circus Krone«.

Krone, Sarrasani, Busch, Althoff, Barum, Renz – names of circuses known all over the world. They are represented in the "First Circus Museum in Germany" (No. 14 Mühlenstraße, Preetz). With original props, costumes, programmes, posters and information. The Circus Museum documents the impressive world of the circus ring.
Photo: Costume of a long-serving female presenter at "Circus Krone".

Krone, Sarrasani, Busch, Althoff, Barum, Renz – des noms de cirques de renommée mondiale. Ils sont là, dans le « Premier Musée du Cirque d'Allemagne » (à Preetz, au n°14 de la Mühlenstraße). Avec des accessoires authentiques, des costumes, des programmes, des affiches, des renseignements. Le musée du cirque témoigne du monde impressionnant de la piste. Sur la photo : Costume de celle qui fut la présentatrice du cirque Krone pendant de longues années.

Seit fast 70 Jahren pflegt die »Niederdeutsche Bühne Preetz e.V.« die plattdeutsche Sprache und unterhält die Zuschauer anspruchsvoll. Zwei heitere und ein ernstes Schauspiel werden jedes Jahr gespielt. Bild: Szene aus »Sluderkraam in't Treppenhus«.
Foto: Holger Förster

For almost 70 years the "Niederdeutsche Bühne Preetz e.V." (Low German Theatre of Preetz) has fostered the use of the northern German dialect and entertains its spectators with high-class theatre performances. Two comedies and one drama are performed each year.
Photo (taken by Holger Förster): Scene from "Sluderkraam in't Treppenhus" (Goings-on in the Stairwell).

Depuis plus de 70 ans, la « Scène bas-allemande de Preetz » entretient le dialecte bas-allemand et divertit les spectateurs. Deux spectacles gais et un sérieux sont joués chaque année. Sur la photo de Holger Förster : Une scène de « Sluderkraam in't Treppenhus » .

Rund 100 Mitglieder, davon etwa ein Drittel aktive Künstler, zählt der 1928 gegründete Kunstkreis Preetz e.V. Förderung von Kunst und Kultur in der Stadt Preetz gehören zu den Vereinszielen. Holger Förster, der 1. Vorsitzende: »Pro Jahr organisieren wir 8 bis 10 Ausstellungen.«
Bild: Ausstellungseröffnung in den Räumen des Kunstkreises, Gasstraße Nr. 5, 1. Etage.
Foto: Dieter Dietzemann

The "Kunstkreis Preetz e.V." (Preetz Art Circle) founded in 1928 has around 100 members, of whom about a third are active artists. One of the aims of this association is the furthering of art and culture in Preetz. Holger Förster, the chairman, says: "We organise 8 to 10 exhibitions per year."
Photo (taken by Dieter Dietzemann): Opening of an exhibition in the associations' rooms on the first floor of No. 5 Gasstraße.

Le Cercle artistique de Preetz, fondé en 1928, compte une centaine de membres, dont à peu près 1/3 d'artistes actifs. Cette association a pour but de promouvoir l'art et la culture à Preetz. Holger Förster, premier président, déclare : « Nous organisons 8 à 10 expositions par an ».
Photo de Dieter Dietzemann : Vernissage d'exposition dans les salles du Cercle artistique, au n°5 de la Gasstraße (1er étage).

Es ist eine zauberhafte Welt: Papiertheater. Im Geschäft »Pollidor's Papier Curiosa« (Bahnhofstraße Nr. 10) sind bei Dirk Reimers viele Papiertheater aus dem 19. und 20. Jahrhundert zu bewundern, zum Teil auch zu kaufen. Aufführungen – 20 bis 40 Minuten – von Oper bis Märchen können gebucht werden.

It is a magic world: the paper theatre. In Dirk Reimers' shop "Pollidor's Papier Curiosa" at No. 10 Bahnhofstraße, one can admire many old paper theatres from the 19th and 20th centuries, some of which can be purchased. Performances ranging from opera to fairy tales lasting between 20 and 40 minutes can be booked here.

C'est un monde magique : les castelets. Dans le magasin « Pollidor's Papier Curiosa » (au n°10 de la Bahnhofstraße), on peut admirer auprès de Dirk Reimers de nombreux castelets des 19ème et 20ème siècles et même en acheter certains. On peut réserver des représentations – entre 20 et 40 minutes – de l'opéra au conte.

Von Seen umgeben, von der Schwentine durchflossen. Wasserwanderer schätzen Preetz mit der zu stillen Bootstouren einladenden Umgebung.
Bild: Bootstour auf der Schwentine, mitten in Preetz.

Preetz is surrounded by lakes and the River Schwentine flows through it. Water lovers appreciate the area where quiet boat trips offer a special attraction.
Photo: Boat trip on the Schwentine, in the middle of Preetz.

Entouré de lacs, traversé par la Schwentine, Preetz dont les environs invitent à de tranquilles promenades en bateau, est apprécié par les amateurs de randonnées sur l'eau. Sur la photo : Promenade en barque sur la Schwentine, au centre de Preetz.

Facettenreich sind Preetzer Stadtbilder. Hier an der Postau (auch Mühlenau genannt) am frühen Morgen ein romantisch-verwunschenes Motiv.

Preetz has many facets. Here by a stream, the Postau (also called Mühlenau), a romantic and magical scene in the early morning.

La ville de Preetz présente de multiples facettes. Ici un décor romantique à souhait de grand matin le long des prairies humides, la Postau encore appelée Mühlenau.

Auch das ist Preetz. Ein stiller Morgen am Postsee. Ein Bild wie aus dem Album »Heile Welt«.

This is Preetz too. A quiet morning on the Postsee. A scene from the album "Perfect World".

Cela aussi, c'est Preetz. Un matin paisible au bord du lac Postsee. Une image qu'on croirait sortie d'un vieil album.

Modernes Bauen in Preetz. Hier das Gebäude des Bildungszentrums für Altenhilfe/staatlich anerkannte Fachschule für Altenpflege der Arbeiterwohlfahrt (AWO) an der Straße Hinter dem Kirchhof.

Modern buildings in Preetz. Here in Hinter dem Kirchhof the building of the Education Centre for the Care of the Elderly, a college for carers run by the Workers Welfare Association (AWO).

Construction moderne à Preetz. Ici le bâtiment du centre de formation pour l'aide aux personnes âgées. Située dans la rue Hinter dem Kirchhof, c'est une école professionnelle de l'Assistance Sociale des Travailleurs (AWO), reconnue par l'Etat, pour les soins aux personnes âgées.

Das zwischen 1707 und 1737 als Backsteinbreitbau errichtete Torhaus des Klosters Preetz mit der charakteristischen rundbogigen Durchfahrt. Dahinter beginnt die parkartige Anlage des Klostergeländes mit der dominierenden Klosterkirche und den Konventualinnenhäusern.

The gatehouse of Preetz Convent, built in brick between 1707 and 1737 with a characteristic arched entrance. Behind is the park-like site of the Convent with its dominant Convent Church and the housing for the Convent members.

Le porche du couvent de Preetz, avec sa large porte cochère caractéristique en plein cintre, fut construit entre 1707 et 1737, en brique. Derrière lui, débute la partie aménagée en parc du domaine du couvent avec son église qui domine et les maisons des conventuelles.

Blick über die Kirchhofsmauer auf die Klosterkirche, eine dreischiffige gotische Backsteinbasilika aus der Zeit um 1325/40.

View across the cemetery wall to the Convent Church, a three-aisled Gothic brick basilica from the period 1325 to 1340.

Vue, par-dessus le mur du cimetière, sur l'église du couvent, une basilique de brique gothique à trois nefs, datant de 1325/40 environ.

Freundlich-heiter und nicht klösterlich ernst und streng ist das Ambiente im Klosterhofgelände. Wie hier (Bild) die blumengeschmückte Veranda mit Freitreppe am vormaligen Probstenhaus Klosterhof Nr. 8.

The ambience of the Convent grounds is friendly and serene and not at all monastically serious and strict. Seen here (photo) the flower-decorated veranda and steps of the former Provost's house at No. 8 Klosterhof.

L'ambiance sur le domaine du couvent est sereine et accueillante et non sérieuse et sévère comme la vie monastique. Comme ici, sur la photo, la marquise agrémentée de fleurs et le perron de l'ancienne maison du prieur, au n°8 de la Klosterhof.

Das Konventualinhaus Klosterhof Nr. 11 ist ein Idyll. Besonders beeindruckend das über Knaggen und Balkenlage vorkragende Fachwerk-Obergeschoss.

The nuns' house at No. 11 Klosterhof is an idyll. Particularly impressive is the projecting upper floor with its wooden beams and supports.

La maison de conventuelle, au n°11 de la Klosterhof, est idyllique. L'étage supérieur à colombages, faisant saillie au-dessus de la charpente et des chevalets, est particulièrement impressionnant.

Das Klosterhofgelände ist voller malerischer Details. Wie hier am Gebäude Klosterhof Nr. 11 der obere Teil des Haustürpfostens.

The Convent site if full of picturesque details. As here on the upper part of the door frame at No. 11 Klosterhof.

Le site du couvent est plein de détails pittoresques, comme ici, au n°11 de la Klosterhof, la partie haute du jambage de porte.

Schöne Haustüren sind typisch für das Klosterhofensemble. Wie das rundbogige Oberlichtportal in spätbarocker Form (Bild) über der Freitreppe am Haus Klosterhof Nr. 17.

Beautiful doors are typical for the Convent. Such as this one with arched fanlight in late Baroque style (photo) above the steps leading to the house at No. 17 Klosterhof.

Les belles portes de maisons sont typiques de l'ensemble de la Klosterhof (cour intérieure du couvent). Comme , sur la photo, la porte surmontée d'un « jour d'en haut » en plein cintre, dans le style de la fin du baroque, au-dessus du perron de la maison n°17 de la Klosterhof.

Das ostholsteinische Hügelland mit schönsten Naturbildern im Wechsel der Jahrszeiten beginnt gleich »hinter« Preetz.

The hilly country of eastern Holstein with lovely scenes changing with the seasons begins just behind Preetz.

Le paysage de collines du Holstein oriental, avec ses merveilleuses images de la nature aux changements de saisons, commence immédiatement « derrière » Preetz.

Preetz und die nähere Umgebung. Besuchenswert zu jeder Jahreszeit.
Bild: Dezembertag am Postsee.

Preetz and its immediate surroundings. Worth a visit at every time of year.
Photo: A December day at the Postsee.

Preetz et ses alentours proches méritent une visite en toutes saisons.
Sur la photo : Un jour de décembre au bord du lac Postsee.